Tennis

Druck: Dr. Cantz'sche Druckerei, 7302 Ostfildern 1 (Ruit)
Bindearbeiten: Sigloch Buchbinderei, Künzelsau
16 17 18 19 96 95 94 93
Auflage Jahr
(jeweils erste und letzte Zahl maßgeblich)

ISBN 3-8231-0103-X

Tennis

Ein fröhliches Wörterbuch für Cracks, Ballakrobaten, Tennisfans und alle, die sich beim Jogging zu einsam fühlen.

Von Michael Funcke

TOMUS

Aufschlag

A

Abpraller

Der Tennisball trifft auf seinem Flug mit einem festen Gegenstand zusammen – zum Beispiel dem Gegenspieler, dem Netz oder dem Linienrichter – und fällt zu Boden. (Den Schiedsrichter sollte er niemals treffen, das gilt als unfair!) Trifft der Ball jedoch den Schläger des Gegners, so spricht man von einem „Ballwechsel" (siehe dort!).

As

Eine besondere Art von Aufschlag, welche jeder gute Spieler für Notfälle im Arm hat (im Gegensatz zum As beim Kartenspiel, das jeder gute Spieler für Notfälle im Ärmel hat!!!).

Aufschlag

1. Geräusch, welches entsteht, wenn ein geschlagener Ball auf die Kehrseite des Gegners auftrifft.
2. Geräusch, welches entsteht, wenn ein Spieler auf dem Sand ausrutscht und mit dem Boden in Berührung kommt.
3. Eine höchst komplizierte Methode, einen Gummiball mittels eines Tennisschlägers sehr schnell über ein sehr hohes Netz in eine auf den Boden aufgemalte sehr kleine Fläche zu befördern – eine alte und in den Augen vieler Spieler überholte Tradition, ein Tennismätsch zu beginnen.

Aufschlag-Durchbruch

Bei besonders scharf geschlagenen Aufschlägen durchbricht der Ball manchmal das vor allem auf älteren Tennisanlagen etwas mürbe Netz und fällt zu Boden. Die meisten Schiedsrichter lassen diesen Trick nicht

Ausholbewegung

gelten und geben dann das Kommando: „Zwei neue, bitte!“ – womit nicht zwei neue Spieler oder zwei neue Netze gemeint sind, obwohl das naheliegend wäre –, sondern zwei neue Aufschläge. In der Schweiz wurde dafür ein geeigneter Ausdruck entwickelt, dort sagt der Schiedsrichter: „Nozwi!“.

Aufschlagfeld

Mit weißen Strichen umgrenzte Fläche auf den Tennisplätzen, in welche der Ball nach dem Aufschlag Typ 3 (siehe dort!) geschlagen werden soll. Das Treffen des Aufschlagfeldes gilt unter den Eingeweihten zu den schwierigsten Vorgängen des weißen Sportes. Gelingt einem Spieler das Treffen des Aufschlagfeldes auf Anhieb, kann er fast immer einen Punkt für sich buchen, denn mit derartig dummen Zufällen rechnet kaum jemand.

Ausholbewegung

Dieser Begriff müßte Ihnen eigentlich noch aus der Schulzeit recht eindeutig sein – und auch das mit ihm zusammenhängende Gesetz, welches besagt: Je größer und kräftiger die Ausholbewegung, desto heftiger der Aufprall der Schlagfläche auf die anvisierte Oberfläche – hier beim Tennis auf den Ball – worauf dieser, denken Sie an Einstein: $e = m \times v^2$ – gegen das Netz, auf den Platz, in die Nachbarwiese oder, in unangenehmen Fällen, auf Ihren Körper auftrifft.

Ball, angeschnittener

B

Ball, angeschnittener Da sich bei Tennisturnieren Bälle besonders schnell abnutzen – die Ursache dafür hat noch niemand ergründen können, aber die Tennisballindustrie behauptet es jedenfalls –, stellt jeder Club, welcher ein Turnier veranstaltet, zahlreiche Kisten und Dosen mit nagelneuen Bällen bereit, auf eigene Kosten natürlich. Damit die bereits abgenutzten Bälle nun nicht mit den neuen verwechselt werden, schneidet man diese Bälle an. Werden sie dann für einen Aufschlag verwendet, fallen sie in einem weichen Bogen zu Boden, für jeden Gegenspieler unerreichbar. Weltklassespieler schneiden die Bälle sogar während des Aufschlages geschickt an, ich vermute, mittels eines in den Schläger eingebauten kleinen Rasiermessers, um diesen Effekt des Herabfallens zu erzielen. Proteste des Gegners gehen meist in den Beifallsstürmen des Publikums unter.

Ball, überschnittener Ball, der beim Aufschlag zu stark angeschnitten und daher in zwei Hälften geteilt wurde, was vor allem nervenschwache Gegenspieler vor oft schwerwiegende Entscheidungen stellt, nämlich welche Ballhälfte zurückzuspielen ist. (In den internationalen Tennisregeln finden sich hierzu leider keine verbindlichen Vorschriften.)

Ballgefühl Gefühle verschiedenster Art, welche beim Tennisball aufkommen, zum Beispiel zwischen zwei Partnern, zwischen einem Ehemann und seiner gerade mit dem

Clubmeister tanzenden Ehefrau und zwischen dem Tennislehrer und der Tochter des Clubpräsidenten (vor allem beim Clubpräsidenten!!).

Balljunge

Selbst im auslaufenden zwanzigsten Jahrhundert noch geduldete Kinderarbeit; was der Marktfrau strengstens verboten ist, das ist der tennisfanatischen Mutter erlaubt: Die lieben Kleinen mit auf den Platz zu nehmen und sie die von ihr verschlagenen Bälle aufsammeln zu lassen – natürlich immer streng nach dem ethischen Motiv, der Jugend das Gefühl für diesen herrlichen Sport zu vermitteln. (In Wirklichkeit sind die Eltern nur zu faul, ihre Bälle selbst einzusammeln.) Tatsächlich könnten sie ihre Kinder viel eher motivieren, wenn sie ihnen Unterricht erteilen lassen würden, aber erstens kostet das schließlich Geld und zweitens vergeht so viel blöde Zeit mit dem dämlichen Bälle-einsammeln. Außerdem muß man sich dauernd bücken, was ja bekanntermaßen sehr ermüdend und sehr schlecht für das Kreuz ist.

Ballmoral

1. In den zwanziger Jahren ein beliebter Name für häßliche Schweizer Hotelkästen.
2. Höflichkeit, welche früher beim Tennisspiel üblich war; stand dem Wunsch nach einem Sieg mit der Zeit zu sehr im Wege, weswegen sie beim modernen Tennis nicht mehr Brauch ist.
3. Anstandskodex bei Tennis- und anderen Clubbällen; stand gewissen Wünschen häufig im Wege, weshalb sie bei modernen Bällen nicht mehr Brauch ist.

Ballmoral:
„Eines muß man ihr lassen,
verlieren kann sie!“

Ballwechsel

Tennisspielen ist ein schizophrener Sport: Jeder schwärmt vom „schönen langen“ Ballwechsel, in Wahrheit liegt das ganze Trachten jeden Spielers darin, die Bälle so zu plazieren, daß der Gegner sie nicht erwischt oder weit über den Zaun ins Feld schlägt und somit kein Ballwechsel zustande kommt.

Ballwurfautomat

Früher: Der treu liebende – und gut angepaßte Ehemann.
Heute: Eine Art Schachcomputer für den Einzelspieler: Die Spielstärke des Ballwurfautomaten ist – und hier liegt der große Vorteil gegenüber einem menschlichen Spielpartner oder einem meist viel besseren Gegner – einstellbar, das heißt, man kann nach dem ersten, verlorenen Satz einfach hingehen und ihn zwei oder drei Stufen schwächer programmieren. Der Sieg in den nächsten Sätzen ist dann gesichert. Außerdem hat sich der Ballwurfautomat psychologisch sehr bewährt, verhindert er doch Komplexe und Minderwertigkeitsgefühle.

Bande

1. zarte: Beziehung zwischen zwei Menschen; muß wie ein zartes Pflänzchen behütet und beschützt werden, damit sie nicht in einer Sackgasse, zum Beispiel in der Ehe enden.
2. unzarte: Zusammenrottung von Menschen, meist mehr jugendlichen Alters, um gemeinsam Böswilliges zu veranstalten.
3. harte: Umrandung von Eishockeyfeldern, dienen dem Zweck, zu verhindern, daß der Ball ins „Aus“

Ballwechsel

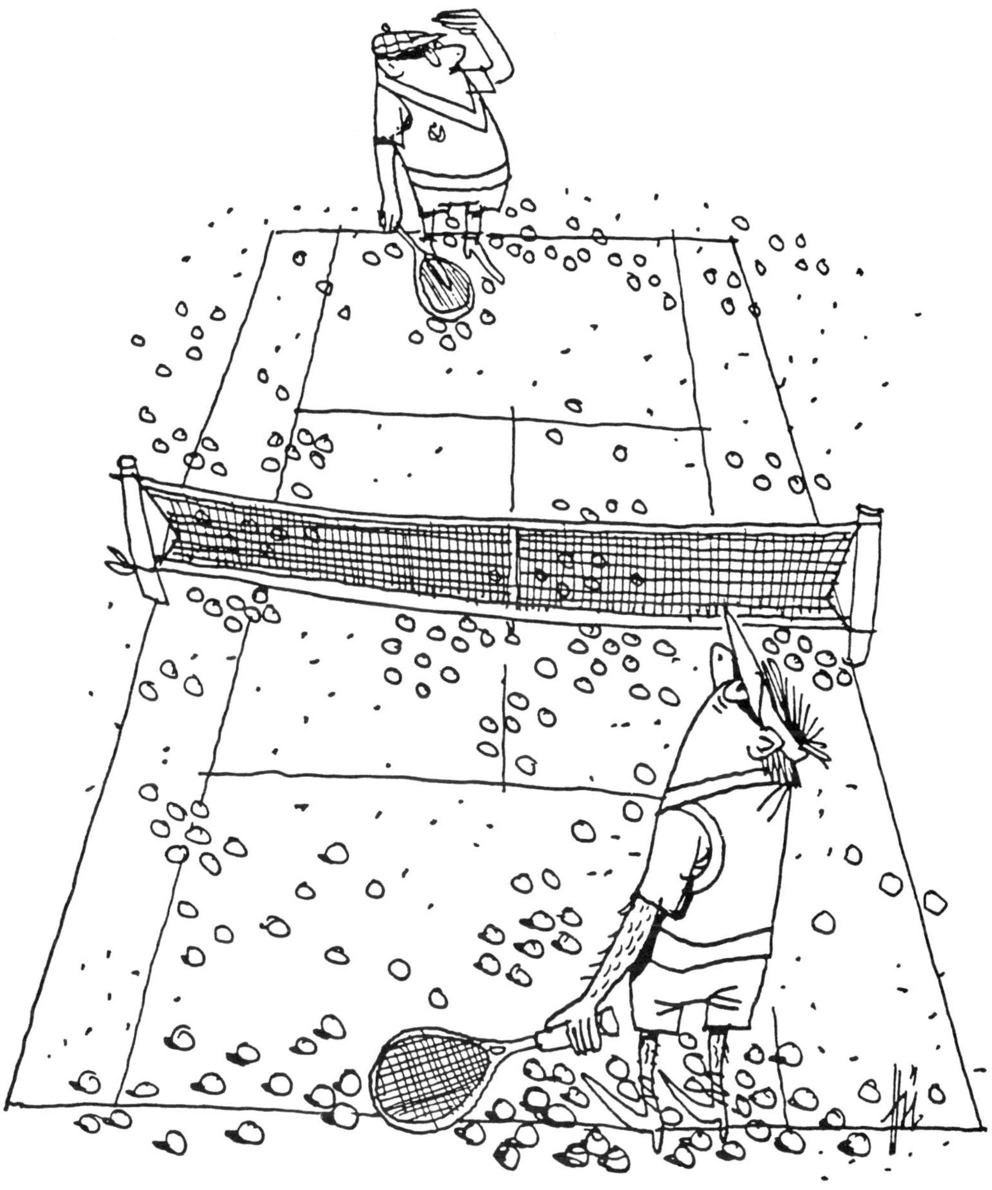

Beinarbeit:
„Oscar, das ist verboten!"

geht. Bei den meisten Tennisspielern wünscht man sich solche Bande rund um das Spielfeld, da auch dort der Ball ständig ins „Aus“ geht.

Becker, Boris

Der Beckerjunge aus Leimen, der zum Wohl und zur Ehre der deutschen Nation die Tennis-Asse aus aller Welt „leimte“. Boris Becker kommt nur deshalb weltweit so gut an, weil sich jedermann an ihm so herrlich hochziehen kann; die Engländer, weil er so göttlich englisch aussieht, die europäische Gemeinschaft, weil seine Einnahmen in US-Dollars die Einführung des Eurodollars zum Thema Nr. 1 machen könnten und John McEnroe, weil er am Glück des Aufsteigers seine Niederlagen aufhängen kann.

Beinarbeit

Wie beim Boxen und beim Autofahren wird auch beim Tennis viel Wert auf gute Beinarbeit gelegt. Überhaupt fällt beim Studium von Fachliteratur auf, daß von allen möglichen Körperteilen, von Fitness, von Training und von Kondition ständig die Rede ist, von der Notwendigkeit, wenigstens eine Restmenge an Intelligenz einzusetzen, habe ich nirgendwo etwas lesen können. Tennis ist also ein durchaus demokratischer Sport: Sie brauchen nur einen gesunden Körper und viel Geld, Intelligenz spielt eine absolut untergeordnete Rolle.

Bespannung

Netzförmiges Material, welches den – sonst vermutlich leer stehenden – Innenraum des Tennisschlägers ausfüllt (siehe auch unter „Schlägertype 2“ dieses Lehrbuches!), und ebenso sinnvoll in Holz ausgeführt sein könnte, was wesentlich billiger wäre. Früher wurde für die Bespannung fast ausschließlich Darm verwendet –

hier bieten sich zahlreiche Wortspiele aus dem Analbereich an, die wir selbstverständlich aus ästhetischen Gründen weglassen – heute benutzt man dafür andere Materialien, deren Zusammensetzung nur dem Hersteller bekannt ist. Darmbespannung gilt aber nach wie vor immer noch als das „Non-plus-ultra“, das heißt, als beste Bespannung – und das, obwohl viele Tennisspieler es fertig bringen, auch damit be. . . . . zu spielen – irgendwo bleibt der Darm als Faktor großen Einflusses bestehen.

Break

Dieser Ausdruck wurde aus dem Boxsport entlehnt. Gelingt es einem der beiden Boxer, die Abwehr des Gegners zu „durchbrechen“, so kommt es zum „Aufschlag“ im Gesicht des anderen, woraufhin der Ringrichter „Break“ ruft, um den Kampf zu unterbrechen – meist unnötig, da der Betroffene am Boden liegt und schläft.
Gelingt es dem Tennisspieler, den Aufschlag des Gegenspielers zu durchbrechen, rufen die Fernseh- und Rundfunksprecher „Break“. Viele solche Rufe deuten auf den Sieg des Breakers hin.

Breitensport

Tennis wurde in den letzten zwanzig Jahren zum Breitensport, was vermutlich auf die vorzügliche Ernährungslage zurückzuführen ist. Trotzdem dürfen auch sehr dünne Menschen Tennis spielen, ohne mit Unterdrückung rechnen zu müssen. Das weist Tennis als sehr demokratischen Sport aus, obwohl auch hier, wie so oft in der Welt, der Stärkere gewinnt.

Break

Clubvorstand

C

Clubvorstand

Jeder Tennisclub muß, dies steht im Gesetz, einen Vorstand haben. Zu diesem Zweck sind einmal im Jahr Vorstandswahlen abzuhalten. Diese Veranstaltungen aber haben so ihre speziellen Eigenarten: Eigentlich möchte fast jeder gerne 1. Vorsitzender werden, es traut sich aber keiner das selber zu sagen. Also wartet er händeringend darauf, daß er von einem anderen Mitglied vorgeschlagen wird. Dabei ist solche Aufregung natürlich vollkommen sinnlos, denn – die eigentlichen „Macher" des Vereins haben schon lange vorher in kleinen geheimen Sitzungen untereinander abgemacht, wer welchen Posten bekommt.
Übrigens – Vorsitzende müssen nicht unbedingt selber gut Tennis spielen können, logischerweise. Clubvorstände sind dies nämlich meist gleichzeitig in allen ortsansässigen Vereinen, müßten also Allroundsportler sein, wollten sie aktiv werden. An sie werden ganz andere Anforderungen gestellt. Und wer ist schon noch sportlich in einem Alter, in welchem er für ein Präsidentenamt wählbar ist.

Coach

Die Ähnlichkeit des Wortes „Coach" mit dem Wort „Couch" ist eine rein zufällige, bedeutet es doch wörtlich übersetzt „Betreuer"; die Ähnlichkeit dieses deutschen Wortes – in der Bedeutung – mit dem Begriff des „ständigen Begleiters" ist wiederum eine rein zufällige, ist doch der „Coach" eines Sportlers dessen sportlicher, nicht privater Betreuer. Jede Gedankenbrücke

zum zwischenmenschlichen Kontakt nicht sportlicher oder sagen wir mal besser; nicht den spezifischen Sport des Betreuten betreffender sportlicher Betätigung ist hier fehl am Platz, betreut der „Coach“ doch nur die sportliche Betätigung des Betreuten, die in aller Öffentlichkeit stattfinden darf.
(Sie merken sicherlich an dieser vorsichtigen Formulierung, daß wir dieses Buch absolut jugendgeeignet gestalten wollen!).

Cramm, Gottfried von Einer der erfolgreichsten deutschen Tennisspieler, leider zu einer Zeit, als es noch nicht möglich war, zwei zweite Plätze in Wimbledon in soviel bare Münze umzuwandeln, daß der Sieger den Rest seines Lebens in Monaco ein gemütliches Auskommen hatte (siehe auch unter „Becker, Boris“!), weswegen sich Cramm die notwendigen Mäuse durch eine Beteiligung an dem amerikanischen Großkonzern „Woolworth“ in Form von Einheirat verschaffte (siehe unter „Hutton, Barbara“!).

D

Damen „Soweit nicht ausdrücklich anders bestimmt, ist in diesen Regeln überall da, wo vom männlichen Geschlecht die Rede ist, auch das weibliche Geschlecht inbegriffen“.

Cramm, Gottfried von

Daviscup

(Wörtlich zitiert aus den – ins Deutsche übertragenen – internationalen Tennisregeln)!!! Das gleiche gilt natürlich, nur umgekehrt, auch für dieses Lexikon.

Davis-Cup

Zu deutsch „Davis-Tasse", nach dem Cup „Jules Rimet" mit Sicherheit der häßlichste Wanderpreis aller Zeiten, der jemals die Werkstatt eines vermutlich perversen Juweliers verlassen hat. Nach einem ungeschriebenen Gesetz haben alle Siegerpokale grundsätzlich abgrundtief scheußlich zu sein; internationale Pokale sind oft so abstoßend, daß man sich ernsthaft fragt, warum sich ganze Länder derartig heftig deswegen bekämpfen. Wer sich über den Gewinn des Davis-Cups freut, mag vielleicht ein guter Sportler sein, Geschmack kann er jedenfalls keinen haben. Im Sport zählt nicht Schönheit, sondern lediglich der Werbewert. Welchen Sponsor interessiert schon Ästhetik, wenn es um den Absatz von Unterhosen, heißen Würstchen oder „Nieren- und Blasentees" geht. Und den Materialwert solcher silberner Salatschüsseln können Sie auch vergessen: Wer traut sich schon, einen endgültig gewonnenen Wanderpreis eingeschmolzen zu verkaufen.

Dollar

Sie lesen zuviel die „Bildzeitung"; Tennis ist ein Sport und hat mit Geld nichts zu tun!!!

Dunlop official

Ein Offizieller der Firma Dunlop, der mit dem deutschen Tennisbund (DTB) die Sponsorverträge für die nächste Spielsaison aushandelt. Den Dunlop Official gibt es in den Farben weiß, gelb und farbig (je nach Verlauf und Ausgang der Verhandlungen!).

Dusche Nur Anfänger nehmen unmittelbar nach dem Spiel eine Dusche. Fortgeschrittene strömen noch Stunden nach ihrem Sport jenen Duft der großen weiten Sportwelt aus, der eben nur durch Sport erworben werden kann. Man sollte meinen, die internationale Parfümindustrie wäre längst in der Lage, einen entsprechenden Spray auf den Markt zu bringen, der es möglich macht, wie ein echter Profi zu riechen, ohne daß man deswegen stundenlang hinter einem blöden kleinen Gummiball herrennt, sich bis aufs Blut blamiert und unter Umständen Verletzungen zuzieht, die jeglicher ärztlichen Kunst auf Jahre erfolgreich Widerstand leisten. Ich kannte einmal einen Malariakranken, der wegen seiner schweißgebadeten und gelblich verfärbten Haut – man hielt das vermutlich für Bräune – jahrelang für einen internationalen Spitzensportler gehalten wurde. Zu einer Zeit, in der der Mensch auf den Mond fliegen kann, dürfte dies doch kein Problem sein.

Dusel Glück, das immer nur der Gegner hat.

Dussel Gegenspieler, der ständig Dusel hat.

E

Einstand 1. Wer beim Tennis mehr als 40 Punkte erzielt, bekommt vom Schiedsrichter nur mehr den „Einstand“

Dusel

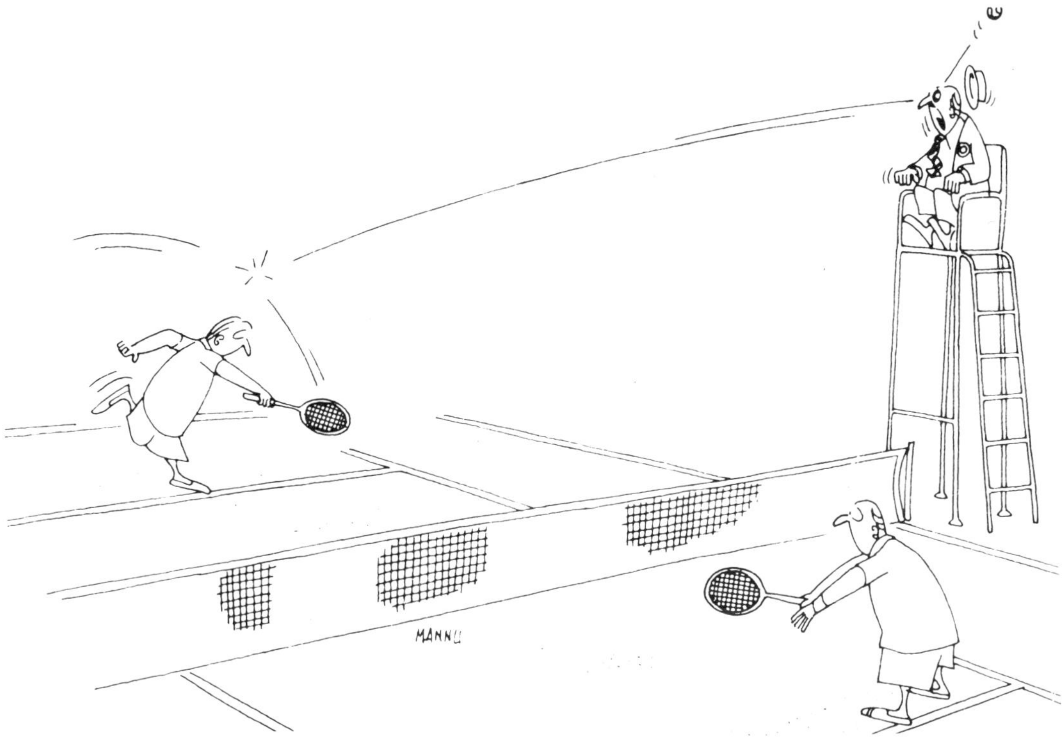

zugeteilt, und dies auch nur, wenn der Gegenspieler ebenfalls 40 Punkte erzielt hat, vermutlich, weil die Schiedsrichter nicht weiter als bis vierzig zählen können. (Siehe auch unter „Schiedsrichter“!)

2. Diese gängige Methode, bei einem Neuling einen kostenlosen Drink zu schnorren, gibt es auch in den sonst doch so vornehmen Tennisclubs; wenn es was umsonst gibt, können sich auch die vornehmsten Leute nicht mehr beherrschen (siehe auch die „Schlacht am kalten Buffet“ von Reinhard Mey!). So geht ein Teil der Eintrittsgebühren in den Club allein dafür drauf, am Tage nach dem Einstandsfest Clubräume und Spielplätze wieder in einen Zustand zu bringen, der das weitere Ansuchen um die Mitgliedschaft durch Clubaspiranten wahrscheinlich macht (woraus ein weiterer Einstand entstehen kann).

Einzelspiel

Während das normale Tennisspiel zwei Spieler vorsieht, welche versuchen, sich den Ball gegenseitig mehr – oder meistens weniger – zuzuspielen, kann das Einzelspiel leicht etwas langweilig wirken. Dieser Nachteil wird aber leicht dadurch aufgewogen, daß man schließlich nicht gegen sich selber verlieren kann. Trotzdem ist Vorsicht geboten: Der Einzelspieler aus Stefan Zweigs Schachnovelle wurde über dem Alleinspiel wahnsinnig. Zum Glück ist ein derartiger Fall bei alleinspielenden Tennisspielern bisher nicht bekannt geworden.

Ellbogen

Die einzige Ursache, warum Sie soeben das blöde Match verloren haben, ist wieder einmal Ihr Tennis-Ellenbogen.

Einzelspiel

F

Fiberglas

Ein Glas auf dem Nachtkasten im Krankenzimmer von Kliniken: In diesem Glas steht das Fiberthermometer. Bei Patienten 1. Klasse finden Sie je Bett 1 Fiberglas, bei Patienten 2. Klasse je zwei Patienten 1 Fiberglas, bei Kassenpatienten 1 Fiberglas pro Krankensaal. (Hat übrigens mit Tennis aber auch überhaupt nichts zu tun!).

Flugball

Ball in einem Jumbo-Jet auf Trans-Atlantik-Flügen, bisher leider nur zugelassen für Passagiere der ersten und der Business-Class.
(Achtung: Bei Flugzeugen heißt es stets „Class“, sagen Sie niemals „Klasse“, ein solcher Ausdruck würde Sie sofort zum Erstflieger und Laien deklassifizieren und somit entsetzlich bloßstellen!).

Flushing Meadow

Obwohl dies, wörtlich übersetzt, „Spül-Wiese“ heißt, wird dort nicht gespült, sondern gespielt, und zwar Tennis. Wer für diesen Schreibfehler verantwortlich zeichnete, konnte bisher nicht festgestellt werden.

---

fünfzehn

Beim Tennis zählen nicht Tore, sondern Punkte! Dies mag manchen Neuling vielleicht etwas irritieren, erscheint aber logisch, wenn man bedenkt, daß es auf einem Tennisplatz keine Tore gibt – ausgenommen vielleicht das Eingangstor. Stattdessen wird beim Tennis bewertet, wie oft es einem Spieler gelingt, das Spiel zu unterbrechen, indem er seinen Gegner so anspielt, daß dieser den Ball entweder gar nicht erst kriegt, ihn ins

Flugball

Netz oder ins Aus spielt. (Aus gibt es beim Tennis auch, aber wiederum kein Abseits!!! (Anmerkung für Fußballfans)). Für die erste Spielunterbrechung bekommt der Spieler fünfzehn Punkte, für die zweite ebenfalls. Aber der dritten Spielunterbrechung wird die Sache allerdings für den Verlierer billiger, hier muß er nur noch zehn Punkte abgeben. Gelingt dem Spieler eine vierte Spielunterbrechung hat er „Vorteil“. Punkte kriegt er nun keine mehr, und ich meine, vierzig Punkte langen ja schließlich auch für ein Spiel. In welchem Fußballspiel gibt es schon vierzig Tore? Hat der Aufschläger den Vorteil auf seiner Seite, dann heißt das „Vorteil Auf!“, im anderen Fall „Vorteil Rück!“. Wer jetzt von „Vorteil Auf“ oder „Nachteil Rück“ spricht, hat sich als absoluter Ignorant erwiesen, im Tennis gibt es keine Nachteile. Dabei ist es natürlich ein Nachteil, wenn der Gegner Vorteil hat, worüber man aber nicht spricht, zumindest nicht laut.

(Sie werden sicher unter dem Lesen dieses Abschnittes bemerkt haben, daß der Autor diese Regel auch nie so ganz verstanden hat!). Wer nach seinem Vorteil noch einmal den Gegner austrickst, hat das Spiel gewonnen, was ihm aber meist nichts nützt, denn nur viele Spiele machen ein gewonnenes Match aus, dazwischen hat die hohe und autoritär herrschende Tenniskommission noch die Sätze gesetzt.

Trotz eigener Unkenntnisse kann ich Ihnen aber einen Tip mit auf den Weg geben: Holen Sie sich zum Zählen einen Schiedsrichter; der fühlt sich geehrt und Sie können sich auf das Spiel konzentrieren!

15 Punkte auf einmal

Fußfehler (Beichte)

Fußfehler

Wenn Sie glauben, Fußfehler gäbe es nur in orthopädischen Kliniken und bestenfalls beim Fußball, dann haben Sie sich geirrt: Fußfehler gibt es vor allem beim Tennisspielen – und beim Tennisball –, aber das ist eine andere Sache. Ich zitiere Regel 17 (leicht gekürzt): „Während des Aufschlagens darf der Aufschläger ... b) weder mit dem einen noch mit dem anderen Fuß irgendwie das Spielfeld berühren!"
Anmerkung zu b): „Unter ‚Fuß' ist im Sinne dieser Regel das untere Glied der Beine zu verstehen".
Der TOMUS-Verlag wünscht allen Aufschlägern einen guten Flug!!

G

Graf, Steffi

Mit vollem Namen Stephanie Gräfin von Brühl, ist nicht nur Gräfin, sie ist die Königin des weißen Sports. Die Zahl ihrer Siege wird nur noch übertroffen von der Zahl der Taschentücher, welche sie pro Spiel verbraucht. Sie ist nämlich ständig verschnupft, wie es bei Damen von hohem Adel eben so üblich ist. Das einzige, was ihr königliches Spiel zerstören kann, ist das wildschweinartige Grunzen einer ihrer Gegnerinnen, dieser wohl deshalb künstlich anerzogen.

Grand Slam

Weiß ich auch nicht – aber merken Sie sich: Dies ist ein Tennis-Lexikon, kein Fremdsprachen-Wörterbuch!

Hallentennis:
Fanatiker beim Spiel

H

Halbflugball

Zu weich geschlagener Vollflugball, welcher die Hälfte der für ihn vorgesehenen Strecke durch die Luft zurücklegt, dann auf den Boden fällt und langsam unter dem Begrenzungszaun hindurch im benachbarten Kartoffelacker verschwindet. Spätestens im Herbst, bei der Kartoffelernte, verstopft es dann dem Bauern die vollautomatische Kartoffellesemaschine, dem dadurch Reparaturkosten in derartiger Höhe entstehen, daß er im folgenden Jahr die Grundpacht für den Tennisclub um fünfzig Prozent erhöhen muß, weswegen wiederum der Mitgliedsbeitrag ebenfalls um fünfzig Prozent erhöht werden muß. Durch die so entstandenen Mehreinnahmen des Clubs kann dann im folgenden Jahr wiederum auch der Kartoffelacker angepachtet werden, um die Zahl der Spielplätze zu vergrößern.
(Auf diese Weise leistet der Tennisclub seinen kleinen Beitrag zum Abbau der landwirtschaftlichen Überschüsse der EG, ohne daß wieder einmal ein Bauer der Armut ausgesetzt wird!)

Hallen-Tennis

Das ist nur etwas für die wahren Fanatiker des Tennissports: In der Halle wird man nicht einmal braun!! Auch der Wunsch nach Einbau von Ultraviolettstrahlern in Tennishallen scheitert bisher am Einspruch der Ärztekammern, die darin Gefahren sehen. Nachdem aber heute weltweit und sorglos mit weit gefährlicheren Strahlen als den UV-Strahlen herumgespielt wird, können auch die Sonnenanbeter damit rechnen, daß diese

Humor:
„Liebst du mich nach all dem noch immer?"

veraltete Einstellung bald revidiert wird und Sie auch beim Hallentennis die so gesunde und natürliche Bräunung nicht mehr missen müssen.

Humor

Wie bei allen Kampfspielen, bei welchen es einen Sieger und einen Besiegten gibt, ist der Humor auch auf dem Tennisplatz besonders wichtig. Im Prinzip gibt es nur zwei Wege, dem Tennissport ein wenig Freude und Glück abzugewinnen: Entweder Sie spielen immer nur gegen schwächere Partner und holen sich so Ihr spezielles Erfolgserlebnis, oder Sie übernehmen mehr die gesellschaftlichen und Führungsaufgaben in Ihrem Tennisclub. Nur wer über soviel Humor verfügt, daß er über sich selbst herzlich lachen kann, sollte an Turnieren teilnehmen, denn dort muß immer einmal mit einer – bitteren – Niederlage gerechnet werden.

Hutton, Barbara

Erste millionenschwere Sponsorin eines erfolgreichen Tennisspielers. Zu ihrer Zeit war es noch Mode, mittels Heirat zu sponsoren, das heißt: Weltmeister heiratet Millionärstochter oder so ähnlich. Da heute für die vielen Weltmeister nicht mehr genügend solche goldenen Töchter zur Verfügung stehen und eine Heirat zwischen Männern immer noch vergeblich auf eine Legalisierung wartet, werden heute Männer von Männern durch Werbeverträge unterstützt – was sich im übrigen sehr bewährt hat, gibt es doch bei solchen Verträgen weniger Berührungspunkte und daher weniger Streitigkeiten als zwischen Ehepaaren.

I

Intervall-Training

Das Zauberwort für jeden, der mit seiner körperlichen Leistungsfähigkeit – Insider sprechen dabei von ihrer „Kondi" – nicht ganz zufrieden ist. Es gibt sogar Bücher über dieses Thema – aber schließlich gibt es auch Bücher über den juristischen Hintergrund des Lottospiels oder über das alveoläre Weichteilsarkom, also kurz gesagt, über jeden Mist. Intervalltraining bedeutet, daß Sie zweimal in der Woche zum Tennis gehen, sich dabei mächtig anstrengen und den Rest der Woche an Ihrem Arbeitsplatz verbringen, also den Wechsel zwischen extremer körperlicher Anstrengung und ungesunder sitzender Tätigkeit. Genauso machen es die meisten Ihrer Gegner. (Diese widerlichen braungebrannten Typen, die unter der Woche jeden Tag acht Stunden auf dem Tennisplatz verbringen, können Sie sowieso vergessen. Erstens leisten die im Leben nichts, und zweitens macht es keinen Spaß, gegen sie Tennis zu spielen, weil sie ja doch immer gewinnen – oder sie stehen am Zaun herum und machen blöde Bemerkungen über Ihre Aufschlagtechnik oder Ihren weiblichen Gegenspieler!)

K

King's Cup

Wörtlich übersetzt „Königs-Tasse". Es geht dabei um eine Art europäische Konkurrenz für den weltweit aus-

Intervall-Training

gespielten Davis-Cup. Er wurde geschaffen, weil die meisten europäischen Nationen beim Kampf um den Davis-Cup nie recht viel zu bestellen hatten. Der King's Cup zeichnet sich, genau wie der Davis-Cup (siehe dort!), durch eine außergewöhnliche Häßlichkeit, einen geringen Materialwert und wegen der Vielfalt ähnlicher Bewerbe langsam sinkendes Niveau aus. (Trotzdem würde ich ihn gerne mal gewinnen, Sie auch?)

---

k.o.-System, doppeltes

Das gibt es nur beim Tennis, nicht beim Boxen. Es entspricht in jeder Hinsicht dem einfachen k.o.-System, nur gilt es beim Doppelspielen. (Beim Mixed-Doppel wird das doppelte k.o.-System angewandt, jedoch umgekehrt!)

---

k.o.-System, einfaches

Stellen Sie sich vor, Sie stehen in einem Boxring Muhamed Ali gegenüber. Sie sagen zu ihm: „Du Depp!“, er holt aus, schlägt zu, Sie springen nicht rechtzeitig aus dem Ring – dann sind Sie k.o. (Natürlich müssen Sie „Du Depp!“ auf englisch sagen, soweit mir bekannt ist, versteht Muhamed Ali kein Deutsch.) Oder:
Sie ziehen bei der Auslosung im Tennis-Turnier in der ersten Runde bereits John McEnroe als Gegenspieler – der schlägt auf, Sie springen nicht rechtzeitig zur Seite oder versuchen sogar, den Ball anzunehmen (bei meiner Fertigkeit im Tennis wäre es geradezu Schwachsinn, so etwas auch nur versuchen zu wollen) – der Ball trifft Sie mitten ins Gesicht, und Sie gehen k.o. Das ist das einfache k.o.-System. Ist ja auch ganz einfach, oder haben Sie etwas nicht verstanden?

K.o.-System:
die Angst davor

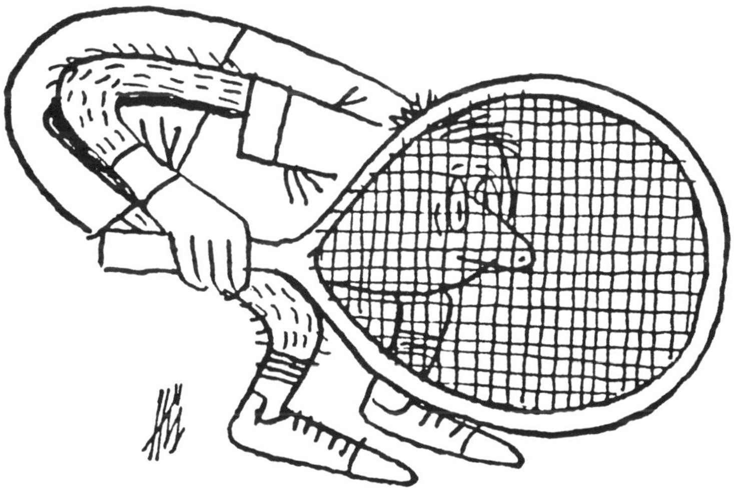

Linkshänder

L

Lawn-Tennis

Englischer Ausdruck für Tennis. Obwohl es eigentlich, wörtlich übersetzt, „Rasen-Tennis“ bedeutet, kann man in England Lawn-Tennis auf einem Aschen- oder Asphaltplatz spielen, nicht aber Tischtennis auf einem Rasenplatz. Da es in Deutschland keine gescheiten Rasenplätze für den Normalbürger gibt, erübrigen sich für ihn solche Feinheiten.

Lendl, Ivan

Wenn man nur ehrlich erworbenes Geld einrechnet, derzeit mit Sicherheit der reichste Kommunist der Welt.

Linie

Vornehmer Ausdruck für die weißen Striche (siehe dort!), welche die Tennisplätze in unregelmäßige Rechtecke einteilen und in irgendeinem mythischen Zusammenhang mit dem Tennisspielen stehen. Damen können sich auf dem Tennisplatz bedenkenlos auf den Strich begeben, sie befinden sich dabei nämlich auf der „Linie“. Obwohl die meisten Damen der „schlanken Linie“ auch oder vielmehr gerade auf dem Tennisplatz viel Bedeutung beimessen, ist das unsinnig: Die Breite der weißen Linien ist überall gleich und international vorgeschrieben.

Linkshänder

Unangenehme Gegenspieler auf dem Tennisplatz, nicht etwa, weil irgendeine politische Richtung dahinter stünde, sondern weil sie den Tennisschläger mit der linken Hand halten, was dazu führt, daß sie manche Bälle nicht bekommen, von denen wir meinen, sie würden sie leicht zurückschlagen. Das allein wäre ja noch eine angenehme Eigenschaft. Leider aber kriegen sie andererseits oft Bälle und schlagen sie zurück, wenn wir ganz sicher sind, ein As plaziert zu haben, und das kann gelegentlich ungute Ausmaße annehmen.

Lob

1. Eine besondere Art von Schlag beim Tennis, wobei es darauf ankommt, den Ball möglichst hoch in die Luft zu schlagen. (Den Weltrekord hält der sonst vollkommen unbedeutende Australier William S. Gilehacker mit 137,20 m Höhe, geschlagen am 26. Juni 1983 in Brisbane bei den offiziellen Nationalmeisterschaften im Lobschlagen.
2. Beifall und Zuspruch für gelungene Aktionen beim Tennisspiel: Der Tennisspieler braucht das Lob (wie den Lob), weil es ihn psychisch aufbaut. Das Lob sollte aber bedacht ausgesprochen werden. So können Sie einem Tennisspieler ohne Bedenken zurufen, er sei ein Topspinner, das ist ein hohes Lob (kein hoher Lob!!!); wenn Sie aber sagen, er sei ein alter Spinner, dann erfüllt dies den Tatbestand der Beleidigung und wirkt außerdem nicht gerade psychisch aufbauend.
   Achtung: Ein Lob Typ 1 ist nur sinnvoll, wenn Ihr Gegenspieler am Netz steht, während ein Lob Typ 2 jederzeit vor, während und nach dem Spiel gerne gehört wird.
   Wie aber kann der Anfänger Typ 1 von Typ 2 unterscheiden? Typ 1 kann man nur sehen, nicht hören, Typ 2 nur hören, nicht sehen.

Lob

love

love

Im Leben eines der schönsten Dinge, es heißt nämlich wörtlich übersetzt „Liebe“. Beim Tennis dagegen bedeutet es schlicht aber ergreifend „Null“. Wenn Sie also im Fernsehen ein internationales Tennisturnier beobachten und hören, wie der Schiedsrichter zu einem der beiden Spieler „love!“ sagt, so bedeutet das auf keinen Fall, daß die beiden eine wie auch immer geartete Beziehung zueinander haben, sondern lediglich, daß der angesprochene Spieler null Punkte hat. Warum allerdings in der englischen Sprache das Wort „Liebe“ beim Tennis „Null“ bedeutet, wäre eine psychologische Abklärung sicher wert; vielleicht wird daraus einmal das Thema einer Doktorarbeit für einen der zahlreichen arbeitslosen Akademiker.

M

Masters-Turnier

Zu Deutsch das „Meister-Turnier“, eine Bezeichnung, die immer wieder angegriffen wird, da an diesem Turnier nur Damen, also nicht die Herren der Schöpfung, die „Masters“, teilnehmen. Im Gegensatz zu der weit verbreiteten Meinung, Wagner habe seine „Meistersinger“ anläßlich des Masters-Turnier beziehungsweise seiner Siegerehrung komponiert, diente dieses Werk mehr der Ehrung anderer „Meister“ – nämlich jener Minnesänger, die seinerzeit von Burg zu Burg zogen und, während der edle Ritter im fernen Nah-Ost die bösen

Mixed Doppel:
„Gratuliere, es ist ein Mixed Doppel.“

Heiden bekämpfte, das Singen und andere Dinge meisterlich beherrschten. Alles andere ist ein Beweis für Halbbildung. Richtig dagegen ist, daß Shakespeare seine „Lustigen Weiber von Windsor“ geschrieben hat, nachdem er Gast der Königin beim Wimbledon-Finale von 1623 war. (Im Herren-Finale standen sich damals King Lear und Heinrich VI. gegenüber; leider ist nicht überliefert, wer von beiden damals die Tenniskrone davontrug.)

Match

Sprich „Mätsch!“

1. Wettkampf zweier oder mehr oder weniger geübter Tennisspieler, besteht aus zwei oder mehr Sätzen, die sich aus mehreren Spielen, nicht Worten zusammensetzen, also kein Wort- sondern ein Ballgefecht.
2. Zustand der berühmten englischen Rasenplätze nach Abschluß der All-England-Tennis-Meisterschaften oder bei Einsetzen des mindestens ebenso berühmten englischen Regens.

Mätschball

Am Ende jedes Tenniskampfes finden ein oder mehrere Mätschbälle statt, zu Ehren und in dankbarer Erinnerung an den Engländer Joseph Ephraim Mätsch, 1888 Erfinder des luftgefüllten Tennisballes.

Mixed Doppel

Doppelspiel, bei welchem auf jeder Netzseite ein Mann und eine Frau miteinander kämpfen. Ist bei den meisten Tennisspielern nicht sehr beliebt, da die sportliche Seite nicht viel bringt und die sexuelle Seite völlig unter den Tisch fällt. Gut geeignet, die Haltbarkeit einer Beziehung zu prüfen; eigentlich sollte jedes Pärchen, bevor es heiratet, ein paar Mal Doppel miteinander gespielt haben – dabei lernen die beiden mehr übereinander als in zehn Ehejahren.

Motivation Laut Lehrbuch notwendige Voraussetzung für das Tennisspielen – nützt Ihnen aber gar nichts, so lange Sie nicht einigermaßen perfekt mit Schläger und Ball umgehen können.

Muskelkrampf Medizinisch nicht nachgewiesener Krampfzustand einer ganzen Muskelgruppe, zum Beispiel der Wade oder des Schlagarmes; tritt auf, wenn es im ersten Satz 1:5 gegen den betroffenen Spieler steht, oder aber im fünften Satz, wenn es 5:4 und 40:0 heißt. Sonst treten Muskelkrämpfe eigentlich sehr selten auf.

N

Netz Ein Begriff, der bei vielen Sportarten eine ganz unterschiedliche Rolle spielt. Beim Tennissport so wichtig wie das Tor beim Fußballspielen; beide sind in Höhe und Breite international auf den Zentimeter genau geregelt und festgelegt. Leider hat das Netz auf dem Tennisplatz die Neigung, sich nicht an dieses Reglement zu halten und ständig seine Höhe zu verändern: Während man Aufschlag hat, ist das Netz immer mindestens

Netz in Gebrauch

Netzattacke

zehn Zentimeter zu hoch, wenn der Gegenspieler Aufschlag hat, dagegen immer fünfzehn Zentimeter zu niedrig. Es gibt für jeden Tennisspieler ein einfaches Mittel, sich dagegen zu schützen, daß der Ball ins Netz geht, nämlich indem er ein Lob schlägt (siehe dort!) – Lobs gehen sehr selten ins Netz.
Beschweren Sie sich bitte niemals beim Schiedsrichter über die Breite des Netzes, das ist ein Zeichen von Unkenntnis.

Netz-Attacke

Sportliche Abkürzung für „Herz-Attacke am Netz“; wie wir alle wissen, stellt stärkste psychische Belastung einen wichtigen Faktor bei der Auslösung von Herzattacken dar. Stellen Sie sich vor, Sie haben Aufschlag, haben bereits sieben Doppelfehler gemacht, weil der Ball immer wieder im Netz landet, es steht 5:1 gegen Sie und Ihr nächster Aufschlag landet --- wieder mal im Netz! Jetzt sind Sie genau in dem Streßzustand, der zu einer Herzattacke am Netz, eben zu einer „Netz-Attacke“ führen kann.

O

Open

An als „open“ bezeichneten Tennismeisterschaften kann theoretisch jeder, der will, teilnehmen; das wird in Wirklichkeit aber nicht mehr gehandhabt – oder versuchen Sie doch mal, an der US-Open teilzunehmen!

Parallaxenausgleich

P

Parallaxenausgleich „Ebenso wichtig ist der Parallaxenausgleich: Aus der allgemeinen Erfahrung im Umgang mit dem Ball ermöglicht die Sichtstrecke zwischen Auge und Hand ein Abschätzen der Entfernung. Beim Tennisschlag verlängert sich diese Entfernung um die Länge des Schlägers!“

Wörtlich zitiert aus einem Tennis-Lehrbuch!!! Weitere Fragen stellen sich dem Lernenden: Ist hier die Länge des Schlägers bei Aufschläger oder bei Rückschläger gemeint? Wann muß der Ball beim Tennissport gefangen, wann zurückgeschlagen werden? Gilt diese Regel auch für Kurzsichtige? Meine Kamera hat eine Parallaxe; spiele ich besser Tennis, wenn ich sie mit auf den Platz nehme? Kann ich mit meiner Kamera die Parallaxe eines anderen Spielers messen? Dehnt sich die Parallaxe bei Wärme aus? Leider blieben alle diese so wichtigen Fragen im Lehrbuch unbeantwortet.

Partnerprobleme Wenn Sie glauben sollten, nur Eheberater hätten einen schwierigen Job, dann sollten Sie sich einmal bei einem Mixed-Doppel an den Spielfeldrand setzen; diese Leute sind ja meist nicht miteinander verheiratet, aber was sich da bereits abspielt – von Verbalinjurien bis hin zur vorsätzlichen Körperverletzung –, da hat eine Ehe keine Chance, da ist keine Steigerung mehr drin.

Passierball Ball, der ungehindert den Gegenspieler passiert und sicher und unbeschädigt im „Aus“ landet; einer der wenigen Schläge, welche Anfängern besser gelingen als Tennismeistern, wie man bei jedem Verein beobachten kann: Je ungeübter das Spielerpaar, desto mehr Passierbälle schlagen sie.

Passierschlag

Jeder Schlag, der einen festen Gegenstand seitlich passiert – nicht über einen Gegenstand wegfliegt!! Ein Schlag, der über das Netz geht, ist noch lange kein Passierschlag; erst wenn es Ihnen gelingt, den Ball an Ihrem Gegner, seitlich am Netz oder am Schiedsrichter vorbei ins „Aus“ zu befördern, kann von einem Passierschlag gesprochen werden. Geradezu laienhaft wäre es, von einem Passierschlag zu sprechen, wenn Ihnen unter dem Schlag etwas passiert, sei es, daß Sie sich den Arm brechen, das Kreuz verrenken, oder daß Ihnen sonst ein „kleines Mißgeschick“ passiert, übrigens ein Vorgang, der bei jeder sportlichen Betätigung häufig vorkommt und durchaus nicht als unfein gilt.

Platz

1. Fachausdruck aus der Hundesprache.
2. Vulgäres Wort für „Tennis-court“ (sprich „tennis cöhrt!“); nur dort spielt ein Insider Tennis. Meister spielen sogar nur auf dem „Centre-court“.

Platzwart

Hat bei jedem Tennisturnier eine wichtige Funktion: Der Platzwart steht am Spielfeldrand und benachrichtigt den Schiedsrichter sofort, wenn ein Ball platzt. (Die Behauptung, die Platzwarte stünden im Sold einer internationalen Gummifirma, ist nachweislich falsch, auch wenn es stimmt, daß die Platzwarte außerhalb der Turnierzeit auch die Automaten in den Clubtoiletten betreuen!)

Passierschlag

Querpaß

Pool

Sprich „Puhl“! Seitdem um den Amateurstatus immer so ein Bohei gemacht wird, bekommen die guten Sportler ihr Geld nicht mehr direkt, sondern die großen Firmen zahlen das Geld in einen Pool ein, und aus diesem nehmen dann die Aktiven wiederum ihr Geld. Der Ausdruck entstand, weil bei gewissen Sportarten jährlich derartig viele Bestechungs- und Werbeprämien anfallen, daß ein Swimming-Pool notwendig wäre, das alles aufzunehmen.

Presse

Das sind diese klugen Typen, die auf allen Tennisplätzen der Welt herumlaufen und Joe McEnroe immer wieder erzählen, daß sein Set zu lasch ist; und was macht dieser Trottel? Er hört nicht auf sie. Dann hat er es eben auch nicht besser verdient. Das kann mir nicht passieren. Ich habe einen Rundfunksprecher als Tennislehrer – McEnroe ist leider bisher immer noch einem Match mit mir aus dem Weg gegangen.

Q

Querpaß

Beim Doppelspiel zwar sehr häufig vorkommender, aber leider in den internationalen Tennisregeln bisher nicht anerkannter Schlag, bei welchem der Partner den von seinem Mitspieler bereits geschlagenen, aber zu kurzen Ball mittels einer Verlängerung doch noch über das Netz zu befördern versucht, was gelegentlich ge-

Tennis-Regeln:
leichter Verstoß

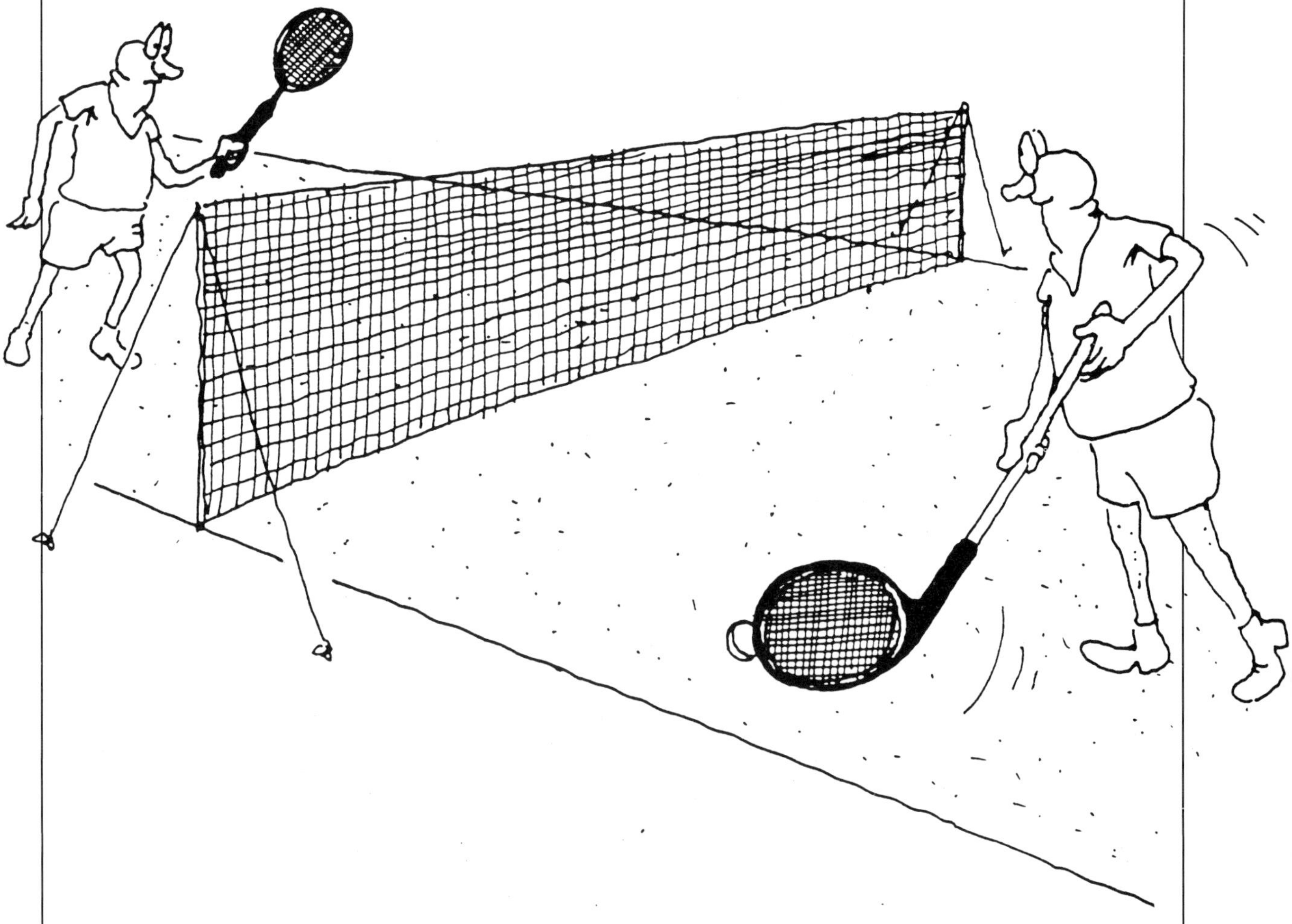

lingt und immer zu heftigen Heiterkeitsausbrüchen bei Publikum und Spielern führt. Der Querpaß kann durchaus zu den besonders eleganten Schlägen eines Tennisspielers gezählt werden.

R

Racket-Kauf

In Deutschland noch nicht sehr verbreitete Methode, ein etwas illegales Ziel durchzusetzen. Unter „Racket" versteht man in Amerika eine Gangsterbande, die sich darauf spezialisiert hat, unergiebige Verhandlungen mit anderen Mitteln zum erfolgreichen Abschluß zu bringen. Solche „Rackets" sind in den USA käuflich. Die ganze Sache hat allerdings nichts mit Tennis zu tun, jedenfalls nicht in Deutschland – oder?

Referee

Sprich: „Räfärieh!" – Österreichischer Fachausdruck für „Schiedsrichter".

Regeln

In den internationalen Tennis-Regeln ist genau festgelegt, was auf dem Tennisplatz erlaubt ist und was nicht, daneben ist ein Teil dieser Regeln der exakten Begriffsbestimmung gewidmet. Über manche dieser Regeln läßt sich trefflich streiten, vor allem mit dem Schiedsrichter, aber auch mit dem Doppelpartner, speziell im Mixed-Doppel. Die Vielzahl der Regeln verwirrt natürlich Amateure wie mich sehr. Ich habe mir daher eine „Lieblings-Regel" herausgesucht, die so einfach struk-

turiert ist, daß ich sie nicht nur behalten, sondern auch noch verstanden habe: „Regel 20: Linienball. Fällt der Ball auf eine Linie, so gilt er als Linienball". (Ende des Zitats!!).
Ich meine, diese Regel sollte sich mal der McEnroe merken; der mcenroet immer so laut an den Schieds- und Linienrichtern herum!

Return

Zu deutsch „Rückkehr". Gerade als Anfänger versteht man das alte Gesetz, das im Sport immer noch seine Gültigkeit besitzt, besonders gut: „They never return".

Rothenbaum

Sozusagen das deutsche „Möchtegern-Wimbledon"; das Publikum ist steifer, die Mitgliedsbeiträge gesalzener, die Neuaufnahme beschränkter als im All-England-Tennis-Club, nur – es ist eben nicht Wimbledon.

Rückhand

Das Gegenteil von Vorhand (siehe dort!).

Rückschlag

1. Beim Tennis: Wenn ein Ball vom Gegner zurückgeschlagen wird; da kein Spieler damit rechnet, zumindest nicht im Normalfall, bekommt er diesen Ball nicht und erleidet damit bezüglich seines Punktekontos einen Rückschlag.
2. In der Heilkunde: Wird während der Genesungsphase einer Grippe zusätzlich ein Arzt hinzugezogen, kommt es meist zu einem Rückschlag, durch welche dem Arzt die Behandlungstage zukommen, welche ihm durch die Natur zunächst beinahe entgangen wären.

Rückhand:

„Achte auf seine Rückhand!“

Saitenwechsel

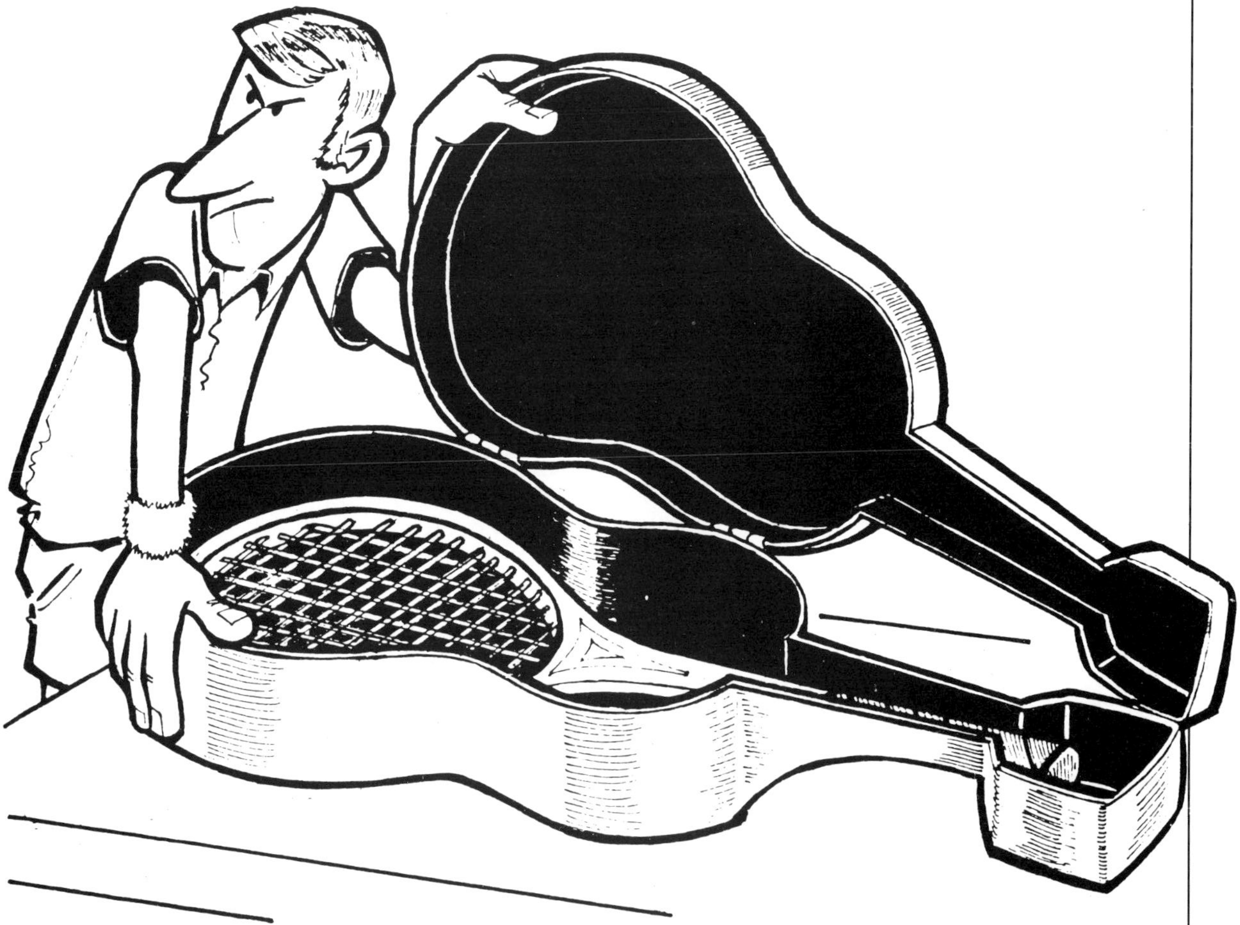

Rückwärtsdrall

1. des Balles: Der Ball springt vor dem Spieler auf den Boden und direkt zurück in Richtung des Netzes, ohne getroffen worden zu sein – für den angespielten Tennisspieler ein ausgesprochen deprimierender Vorgang, schlug er doch aus Gründen, die er selber niemals verstehen wird, ins Leere.
2. des Spielers: Eine Art Pirouette nach einem besonders komplizierten Schlag. Da der Tennisplatz aber, zumindest im Vergleich mit einer Eisbahn, sehr rutschfest ist, entstehen bei der Pirouette sehr gerne und häufig die bei den Orthopäden so beliebten Bänderrisse im Knöchelbereich, eine Sportverletzung, an der sich gut und gerne der Jahresbeitrag für einen sehr vornehmen Tennisclub verdienen läßt.

S

Saitenwechsel

Wird meist fehlerhaft geschrieben („Seitenwechsel"), bedeutet beim Tennis, daß ein Spieler während eines Matches von der Darmsaite auf eine Kunstsaite überwechselt, weil es anfängt zu regnen, oder von einer Kunstsaite auf eine Darmsaite, weil er hofft, wenigstens auf diese Weise einmal seinen Aufschlag durchzubringen.

Sand, roter

Schon immer eigentlich wird in unseren deutschen Landen auf rotem Sand Tennis gespielt, was sich, zumindest bei uns geringer fähigen Tennisspielern, in Form mehr oder weniger großer roter Flecken, meist auf unserer Kehrseite, demonstriert. Natürlich wäre es heute keinerlei Problem, weißen Sand herzustellen und darauf Tennis zu spielen. Das scheitert aber bisher am heftigen Widerstand der Waschmittelindustrie, welche ja bekanntermaßen in Bonn über eine sehr starke Lobby verfügt. (Siehe auch unter „Umweltverschmutzung deutscher Flüsse durch Detergentien" – täglich in allen deutschen Tageszeitungen, Wochenzeitschriften und im deutschsprachigen Fernsehen!)

Satz

1. In der Literatur: Das oft völlig sinnlose und unverständliche Aneinanderreihen von Wörtern.
2. Beim Tennis: Das oft völlig sinnlose und unverständliche Aneinanderreihen von Spielen.
   Anmerkung der Redaktion: Zahlreiche Sätze Typ 2 in Wimbledon bringen, wenn gewonnen, wesentlich höhere Verdienste ein als zum Beispiel zahlreiche Sätze von Typ 1 in einem Buch, auch wenn dieses von Hemingway oder Henry Miller sein sollte. Wenn Sie einmal eine typische Abstufung materieller Gewinnchancen wissen wollen, hier ist eine:
      1. Becker
      2. Beckenbauer
      3. Beckett
      4. Beethoven
   und so weiter.

Schlagpräzision

Dieser Begriff wurde aus der Uhrmacherkunde übernommen, speziell aus der Lehre von den Pendeluhren.

CLIC!

Als in alten Zeiten noch Tennis nicht nach Punkten, sondern nach Zeit gespielt wurde und man zur Zeitmessung nur Standuhren und Kuckucksuhren verwenden konnte, deren Zeitmessung zu wünschen übrig ließ, erfand man die Punktezählung, ein nach aller Meinung objektiveres Maß für die Qualität eines Tennis-Matchs.

Schmetterball

Sehr eiliger Tennisball, trifft mit großer Geschwindigkeit auf den gegnerischen Körper auf, um dann, mit diesem Gegner gemeinsam, sinnlos auf dem Tennisplatz herumzuhüpfen. Allerdings schützt vor den meisten Schmetterbällen das Netz, da sie, trotzdem sie hoch über dem Kopf geschlagen werden, zu neunzig Prozent im Netz enden.

Schiedsrichter

Der Sport wurde leider noch nicht erfunden, bei welchem sich dieser bestimmte Typ Mensch noch nicht eingeschlichen hat. Kein Sportler kann sie leiden, die Herren in Schwarz oder sonst einer auffälligen Farbe, und trotzdem werden sie immer wieder gefragt. Während es aber beim Fußball noch harmlos zugeht, mit nur einem Schieds- und zwei Linienrichtern, wimmelt es beim Tennis geradezu von Schieds-, Linien- und anderen Richtern – für jede Linie gibt es einen extra. (Und beim Tennis wimmelt es ja auch vor Linien, sehr zum Leidwesen der weniger geübten Spieler!)

Schock

Für den Rückschläger: Ein As.
Für den Aufschläger: Wenn ein As korrekt zurückgeschlagen wird.
Für den Linienrichter: Wenn er gerade auf die Uhr ge-

Schmetterball

Schlägertype

schaut hat, als ein As geschlagen wurde, um welches jetzt ein Streit beginnt, der damit endet, daß der Spieler ihm seinen Schläger auf den Kopf haut.

Schlägertype

1. Bedrohliche Figur aus dem „Milieu"; ist in finsteren Eckkneipen und dunklen Seitenstraßen, aber auch auf Fußballplätzen anzutreffen; auch auf dem Tennisplatz finden sich viele Schlägertypen, siehe unter 2!
2. Eines der heißesten Diskussionsthemen unter den Tenniscracks: Die Wahl der richtigen Schlägertype entscheidet über den Ausgang eines Matchs, nicht das spielerische Können; das ist ab einer gewissen Klasse in jedem Club gleich. Wenn es um die Auswahl der Schlägertype geht, werden vor allem die folgenden Merkmale immer wieder gründlich durchgesprochen:
   a. Farbe: Die Farbe des Schlägers trägt – zum Beispiel durch Blendwirkung, aber auch durch Flimmereffekte und ähnliche Sinnestäuschungen – wesentlich dazu bei, des Gegners Auge abzulenken und zu verwirren.
   b. Größe: Merke: Je größer die Schlägerfläche, desto geringer die Gefahr, am Ball vorbeizuschlagen, sprich, ihn nicht zu treffen, eine Gefahr, welcher jeder Spieler ständig ausgesetzt ist. Aus technischen Gründen sollte jedoch die Schlägerfläche nicht größer sein als das halbe Spielfeld, da es verboten ist, das Netz mit dem Schläger zu berühren. Die Schlägerfläche sollte auf der anderen

Service, schlechter

Seite nicht kleiner sein als der Tennis-Ball, sonst leidet die Stabilität, vor allem bei Schmetterbällen.

c. Gewicht: Der Schläger sollte zwar nicht zu leicht sein, das erhöht seine Schlagwirkung, vor allem aber die Auftreff-Effekte, wenn man ihn im Zorn ins Publikum schleudert, das Gewicht ist aber nach oben limitiert. Beim Aufschlag hebt der Fachmann seinen Schläger hoch über den Kopf, was selbstverständlich nur dann gelingt, wenn er den Schläger überhaupt noch heben kann.

d. Preis: Hier gelten für Tennisschläger die gleichen Richtlinien wie für Pelze, Schmuck und Kaviar: Je teurer, desto besser!! Nur Schotten sparen beim Kauf von Tennisschlägern – und auch nur, wenn der Schläger für ihre Familie, nicht für sie selbst bestimmt ist.

Service

Tennis gehört zu den vornehmen Sportarten; so spielt vor allem der Service eine gewichtige Rolle. So gibt es Leute mit einem miesen Service, das sind Menschen, die nicht einmal einen Hausdiener haben, geschweige denn einen Koch oder gar einen Bötler, solche Leute verlieren dann auch, und das mit Recht.

Spieler mit elegantem Service haben mindestens einen Diener in Livrée, Spieler mit einem Spitzenservice verfügen über drei Geishas, direkt aus Bangkok eingeflogen, dazu ein Hausmädchen und eine Nörse, aus England natürlich. Unsereiner aber, der überhaupt keinen Service hat, muß alles selber machen – und verliert demzufolge ständig. (Mein Tennis sieht zumindest danach aus!)

Sieger

Was mir - und vielen anderen Menschen auch -das Tennis so vermiest, ist die Tatsache, daß es nach jedem Match einen Sieger gibt, der dazu fast immer auf der anderen Seite des Netzes steht als wir - als wenn er etwas Besseres wäre. Ich würde ihn auch dann nicht tätlich angreifen, wenn das Netz uns nicht trennen würde, so primitiv bin ich schließlich auch nicht!

Sponsor

Jemand, der mit der Wurst nach der Speckseite wirft, nach außen hin jedoch:

a. für den Spieler: Der Mensch, welcher durch seine großzügige finanzielle Unterstützung es überhaupt erst ermöglicht, daß heute so gutes Tennis gespielt wird.
b. für den Zuschauer: Der Mensch, welcher durch seine großzügige finanzielle Unterstützung es überhaupt erst möglich macht, daß heute so gutes Tennis gespielt wird.

Stellungswechsel

Gibt es auch beim Tennis; eine aufklärende Beschreibung würde jedoch den Umfang dieses ja als reines Nachschlagwerk gedachten Buches sprengen; wir empfehlen, wenn Sie es so genau wissen wollen, das Buch „Tennis ohne Furcht“ von van dem Platze. Dort finden Sie nicht nur zahlreiche Anregungen und praktische Tips zu den gängigsten Stellungswechseln im Rahmen der Tennisclubs, sondern auch noch interessante und lehrreiche Hinweise auf das korrekte Verhalten beim

Sieger

Tennisball, was zu tun ist, wenn der Schiedsrichter vom Hochstuhl gefallen ist, und was der Laienhelfer machen muß, wenn ein Tennis-Spieler den Matchball verschluckt.

Stopflugballschlag

Auf englisch heißt das „Drop-shot", was, wie mir mein Tennislehrer gesagt hat, soviel bedeutet wie „Tropfschotte". Sein Englisch ist qualitativ gut mit meinem Tennisspiel zu vergleichen, wie Sie deutlich sehen können!

Strich

Jeder Tennisplatz ist durch auf dem Fußboden festgemachte weiße Gummistreifen, den Strich, in verschieden große Rechtecke aufgeteilt. Auf etwas älteren – also den meisten – Ascheplätzen ragen diese Striche, weil durch die Witterung verbogen, einige Zentimeter über den Boden, was dem sie berührenden Ball gelegentlich erstaunliche Effekts verleiht, ganz gegen jenes physikalische Grundgesetz, welches besagt: Einfallwinkel = Ausfallwinkel. Während es in der Gesellschaft als anrüchig, wenn auch sehr lukrativ gilt, auf den Strich zu gehen, gilt unter Tennisfans ein Ball, der auf den Strich geht, als Meisterleistung und sportlicher Leckerbissen. Beim Tennisspiel sind eben – genau wie beim Tennisball– manche althergebrachten Regeln der Moral aufgehoben.

Stuhl

Wie im täglichen Leben, so spielt auch beim Tennis der Stuhl eine wichtige Rolle: Von einem hohen Stuhl aus leitet ein Mann, ganz in Weiß und mit einem Flair wie Gottfried von Cramm, das Spiel. Nur er bestimmt, wer gewinnt und verliert, welche Bälle ins Aus gehen und wie hoch das Netz tatsächlich sein darf.

Strich

Technik

In England darf er dazu noch darüber entscheiden, ob die Kleidung der Spieler weiß genug ist, womit er zum Lustobjekt der Waschmittelhersteller wird. Betritt er den Spielplatz und schreitet auf seinen Hochstuhl zu, so nennt man das Stuhlgang. Insgesamt aber erinnert er in vielem an die andere Situation im Leben des Menschen, die sich auf einem erhöhten Stuhl abspielt, an die Zeit zwischen acht Monaten und zwanzig Monaten, die der kleine Mensch ebenfalls in einem Hochstuhl verbringt, um zu essen.

T

Technik

Im Tennis – wie in allen anderen Sportarten – ist die Kunst, das Gehirn zugunsten körperlicher Reaktionen auszuschalten, wenn es um den Umgang mit sportlichen Geräten geht. Technik ersetzt das Denken – sagen die Trainer und halten das auch noch für gut. Da sich aber die Technik zum Glück im Sport ständig mit rasender Geschwindigkeit ändert, schneller noch als die Mode, und immer wieder geniale junge Talente durch revolutionäre Siege die „Sport-Techniker“ aufs Kreuz legen, verzichte ich auf weitere Erläuterungen und freue mich heute schon auf den nächsten genialen Fünfzehnjährigen, der – natürlich ungesetzt – den alten „Techniker“ im Finale mit 6:4, 6:0 und 6:1 niedermacht („Hamse gesehn, wie der die Rückhand von unten rauszieht, einfach göttlich!“).

Tennisball:
„Ich finde Tennis amüsanter, man findet die Bälle leichter wieder!“

Ich bin mir sicher, daß die gesamte Werbeindustrie meine Freude auf dieses – billige – Neuland von ganzem Herzen teilt!

Tennisball

Gesellschaftliche Veranstaltung, zu Beginn, zur Mitte und zum Ende der Tennissaison unter Leitung des Clubvorstandes durchgeführt und im Grunde der einzige Grund für die Existenz von Tennis- und anderen Clubs. Beim Tennisball sind Dinge erlaubt und üblich, die auf dem Platz unweigerlich zu schwersten Auseinandersetzungen und zu Differenzen mit dem Clubvorstand führen würden. Kein Netz trennt hier mehr die Gegner – und wenn, dann wird es rigoros verräumt. Beim Tennisball zählt nur das Mixed-Doppel, dafür aber doppelt. Wem es hingegen wirklich nur um das Tennisspielen geht, so wie John McEnroe, Boris Becker oder Ivan Lendl, der ist überhaupt nicht in einem Tennisclub; solche Leute spielen „wild“. (– aber die nehmen ja auch Geld dafür, etwas, das unsereiner niemals machen würde!!)

Tennisclub

Mittelding zwischen einem sehr vornehmen Sportverein, einem Eheanbahnungsinstitut und dem Ball der einsamen Herzen.

Tennisellbogen

Was die Ärzte „Epicondylitis lateralis oder ulnaris“ nennen, ist eine Sehnenkrankheit, die am häufigsten bei Maurern und Verputzern auftritt, an zweiter Stelle nach zuviel Händeschütteln (Politikerkrankheit!) und selten bei schlechten bis mittleren Tennisspielern kurz vor oder während der Clubmeisterschaften; kommt bei wirklich guten Tenniscracks nur sehr selten vor, und wenn, dann nur, weil sie während ihrer Freizeit ihr Haus verputzen, eine Mauer ums Grundstück bauen oder eben ...

Tennislehrer

Ziemlich grämliches Wesen, vermutlich, weil es fast immer mit Anfängern Tennis spielen muß. Am lustigsten sehen die Tennislehrer im Schwimmbad aus: Wegen ihres Berufes sind sie immer nur bis zehn Zentimeter oberhalb des Kniegelenkes und bis zehn Zentimeter unterhalb der Schulter braun, dort aber dunkelst, während der übrige Körper, vor allem aber Brust und Bauch makellos weiß strahlen, eine Körperfärbung, welche zumindest in der Badehose ausgesprochen lächerlich wirkt.

Tennismus

Ein von dem Journalisten (Chefredakteur der Zeitschrift „Tennis") und Nicht-Tennis-Meister Ulrich Kaiser geprägter, aber leider nicht genau definierter Ausdruck, der Zusammenhang mit dem Tennisspiel haben soll. So schrieb Kaiser einmal, dieser von ihm geprägte Ausdruck müsse Bestandteil der Lexika werden, was bisher nicht der Fall war, hiermit aber geschehen ist! Vielleicht verwechselt er das aber auch mit „Tendinismus", was medizinisch soviel bedeutet wie „Sehnenentzündung", was allerdings wiederum sehr viel mit Tennis zu tun hat.

P. S. Ulrich Kaiser bezeichnet sich selber als „Tennisten", ich lasse offen, was auch immer das bedeuten mag.

Tennist

Tennispartner

Tennispartner Seine Tennispartner sollte man möglichst nicht mit dem Lebenspartner durcheinander bringen, das kann zu scheußlichen Komplikationen führen. Hier nur einige Beispiele dafür:

Wenn Sie ein Mann sind: Gewinnen Sie gegen Ihre eigene Ehefrau, so gilt das als selbstverständlich, insgeheim sind Sie aber ein Chauvi, und irgendwann bekommen Sie das zu hören und müssen dafür büßen. Verlieren Sie aber, so gibt es zwei Möglichkeiten; entweder haben Sie absichtlich schlecht gespielt, dann sind Sie wieder ein Chauvi ... (siehe oben!); oder Sie verlieren, weil Sie wirklich eine Flasche sind; das bekommen Sie dann bestimmt irgendwann zu hören und müssen dafür büßen.

Wenn Sie eine Frau sind: Gewinnen Sie gegen Ihren Mann, so kann es Ihnen später passieren, daß er auch woanders mal versagt, aus psychologischen Gründen gewissermaßen. Verlieren Sie aber, so müssen Sie sich klarmachen, daß Sie mit einem Chauvi zusammenleben!

Tennisröckchen Eines der hübschesten Kleidungsstücke, das jemals der Feder eines Modezeichners entschlüpfte. Dank des Tennisröckchens verbringen jedes Wochenende Tausende junger Männer ihre Freizeit am Rand von Tennisplätzen, obwohl sie vom Tennis soviel Ahnung haben wie die berühmte Kuh vom Klavierspielen –, einfach aus Freude am Zusehen bei diesem berühmten weißen Sport.

Tennisseite Die linke oder rechte Seite des Spielfeldes, getrennt durch das Netz. Die Spieler eines Tennis-Matches dürfen sich auf den beiden Seiten des Spielfeldes völlig frei bewegen, dazu auf den die Seiten umgebenden Außenflächen, welche zwar nicht mehr zum Spielfeld zählen, von welchen aus jedoch noch Bälle geschlagen werden dürfen. Auf dem Netz dürfen sich die Spieler nicht aufhalten. (Um dieses letztere sehr wichtige Gebot jederzeit genau kontrollieren zu können, befindet sich der Platz des Schiedsrichters direkt über dem Netz!)

Tenno

Das ist nicht etwa die Einzahl von „Tennis“, sondern der offizielle Titel des Kaisers von Japan.

Tie-break

Aus dem Englischen, bedeutet auf Deutsch: „Schlipsbruch“. Der Bundesverband für die Erneuerung der Bedeutung der Deutschen Sprache e.V. – BfdEdBdDSeV – kämpft schon seit Jahren darum, daß bei deutschen und internationalen Tennisturnieren auf deutschsprachigem Boden dieses häßliche, weil nicht erklärbare, englische Wort durch einen rein deutschstämmigen Fachausdruck ersetzt wird. Da jedoch der schweizerische und der österreichische Tennisbund darauf bestehen, daß ersatzweise lediglich das Wort „Schlipsbruch“ bei ihnen zugelassen wird, blieb es bisher bei der englischen Ausdrucksweise. Der DTB plant jedoch einen internationalen Wettbewerb, bei welchem ein schönes und wohlklingendes Wort gesucht wird, das ein sinnvoller Ersatz für das „Tie-break“ wäre (– wahrscheinlich scheitert dieser Wettbewerb allein schon daran, daß es in der deutschen Sprache herzlich wenig wohlklingende Worte gibt, und die sind alle besetzt!).

Tor

Dieser Urschrei, auf Fußballplätzen aus tausenden von Kehlen heimisch, hat auf dem Tennisplatz nichts zu su-

Tie-break

chen. Sollten Sie als Zuschauer in Wimbledon bei jedem Punkt laut „Tor“ schreien, so müssen Sie damit rechnen, daß Sie
a. als Laie gelten
b. von den Platzordnern alsbald entfernt werden
c. das Geld für das Eintrittsbillet nicht zurückbekommen.

---

tosend

Schmückendes Beiwort für Beifall; der Beifall der Zuschauer auf dem Tennisplatz ist immer entweder tosend oder mäßig – oder verhalten –, oder einfach nicht existent.
Wichtiger Hinweis für den Laien: Auf dem Tennisplatz gilt es als unfein, Beifall, auch tosenden, zu geben, wenn einer der beiden Spieler einen Doppelfehler macht. (Warum, habe ich auch nie verstanden!)

Translation

„Allein eine Bewegung in der Translation führt zu einer optimalen Phasenstruktur. Die Translationsbewegung muß in der Schlagrichtung nicht mehr durchs Auge kontrolliert werden.“
Wörtlich zitiert aus „Tennis, Technik, Training, Taktik“ bei RoRoRo. Sie sehen wieder einmal, wie sehr sich unsere Tennislehrer bemühen, gerade durch die theoretische Ergänzung des praktischen Unterrichtes das Tennisspielen zu einem leicht erlernbaren Sport zu machen.
(Kurt Tucholsky hat einmal nach dem Studium eines Lehrbuches der Deutschen Sprache ganz lakonisch geschrieben: „Die Kritik der reinen Vernunft“ – oder „Was juckt mich da dauernd?“).

Translation

Twist:

„Du tanzt gleich einen Twist,
wenn du nicht aufhörst
immer Danke zu sagen,
wenn du den Ball kriegst.“

Twist

Der eigentliche Twist ist eine Drallkombination von Seiten- und Vorwärtsdrall.
(Aus „Tennis, Technik, Training, Taktik", ein rororo-Sachbuch, Seite 80, Mitte, wörtlich zitiert!!). Für die Beantwortung weiterer Fragen zum Thema Twist schreiben Sie bitte an den Autor persönlich!

U

unentschieden

Endlich mal etwas, das es beim Tennis nicht gibt, während sich bei fast allen anderen Sportarten die Gegner gegenseitig über die Runden retten können, gibt es beim Tennis nur Sieg oder Niederlage! Das ist auch gut so. Ich könnte mir nämlich in Anbetracht der Summen, die gegenwärtig beim Tennis auf dem Spiel stehen, durchaus vorstellen, wie sehr bei einem möglichen „unentschieden" gemauschelt werden würde. (Beachten Sie bitte den an dieser Stelle aus rechtlichen Gründen unbedingt notwendigen doppelten Konjunktiv!!)
Tennisspieler müßten – wenn es ein Unentschieden gäbe – solange weiterspielen, bis ein Sieger feststeht – ein grausamer Gedanke! Unseren Fußballmillionären würde niemand etwas derartiges zutrauen.

ungesetzt

Bei Turnieren unterscheidet man die Qualität der Spieler ganz einfach: Die guten Spieler sind die gesetzten, das heißt, sie dürfen im Sitzen spielen, die schlechten

Spieler sind die ungesetzten, diese müssen im Stehen spielen, wenn sie eine Chance haben wollen, zu gewinnen.

V

Verbandstag Aus Sicherheitsgründen müssen alle aktiven Sportler über einen Kursusnachweis der Grundlagen in der „Ersten Hilfe“ verfügen. Da solche Kurse sich in Deutschland ausschließlich damit beschäftigen, Verbände zu üben, heißt der Tag, an welchem ein solcher Kursus stattfindet, der „Verbandstag“ (siehe auch „Verbandskasten“, „Verbandsformation“ und „Verbandsbeiträge“ u. ä.!).

Vibrationsdämpfung Wird beim alljährlichen Tennisball ein schneller Walzer getanzt, kann es zwischen den Partnern zu erheblichen Vibrationen kommen, welche, zum Schutz des Clubgebäudes, abgedämpft werden müssen. Als am besten geeignet haben sich dafür kleine schalenförmige Stücke aus Schaumgummi erwiesen, welche zwischen den Tanzpartnern in Brusthöhe befestigt werden (siehe auch unter „Ballgefühl!“).

Vorhand Das Gegenteil von Rückhand (siehe dort!).

Vorhand:
„Gratuliere zu Ihrer
glänzenden Vorhand.“

Wimbledon, Eröffnungsspiel

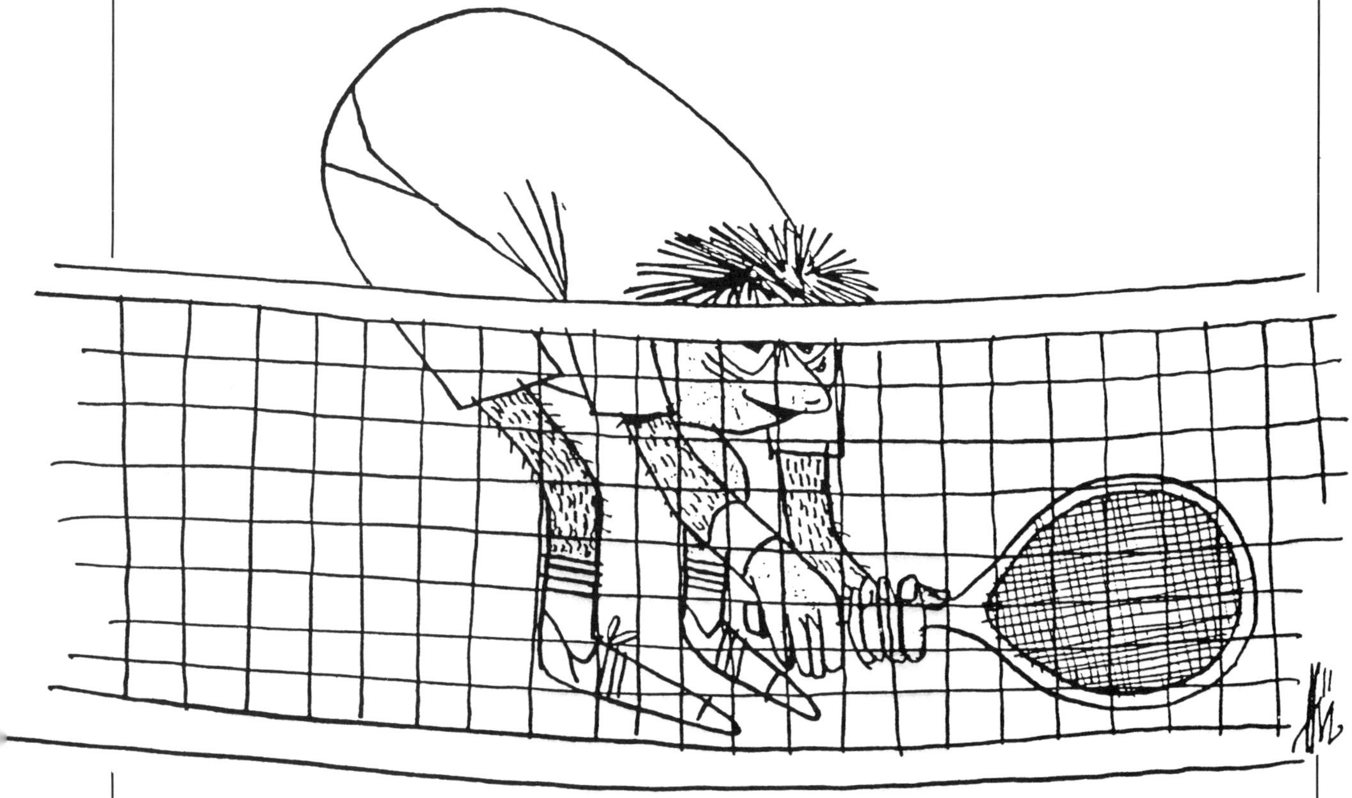

W

Walze

Nein, nicht die dicke Frau da vorne im weißen Tennis-Dreß; die große eiserne Rolle da drüben, mit welcher der Tennisplatz regelmäßig gewalzt werden muß.

Wimbledon

In Wimbledon wurde im 11. Jahrhundert nach Christus das Tennis-Spiel erfunden – eine Tatsache, die weder von den Chinesen, die in der Regel alles schon fünftausend Jahre vorher bereits hatten, noch von den Russen, die alles bereits kurz vorher gleichzeitig erfunden hatten, bestritten wird. (Warum die Russen das nicht bestreiten, konnte bisher nicht geklärt werden.) Wie Wimbledon-Kenner durchblicken lassen, gelten dort immer noch die gleichen gesellschaftlichen Regeln beim Tennis wie im 11. Jahrhundert – was wieder einmal beweist, daß beim Tennis gesellschaftliche Regeln mehr bedeuten als ein bißchen Kondition oder Technik. Zum Beispiel gilt in Wimbledon die eiserne Regel, daß grundsätzlich nur in Weiß gespielt werden darf – weswegen einmal eine Dame mitten während eines Matchs den Platz verlassen mußte, um ihr Höschen zu wechseln: Es war von Natur aus lindgrün und hatte – nicht ganz waschecht, aber sehr niedlich anzusehen – in Folge hart erkämpften Schweißes ein wenig durchgefärbt – und das, man stelle sich vor, bei den All-England-Tennismeisterschaften und in Gegenwart der Königinmutter.

X

Xanthippe

1. Unflätiger Ausdruck für die Partnerin im Mixed-Doppel.
2. Flätiger Ausdruck für die Gegnerin im Mixed-Doppel.

Z

Zuschauer

Finanzieren die verschiedenen Tennisturniere direkt, indem sie Eintritt bezahlen, und indirekt, indem sie das Zeug kaufen, für welches die Darsteller auf ihren Hemden, T-Shirts und Höschen werben. Beim Tennis zahlen die Zuschauer im voraus für etwas, was sie nicht kennen und noch nicht in einer Kritik beschrieben bekamen. (Sie wissen sicher, was der Kaufmann von den Leuten hält, die etwas kaufen, ohne es vorher gesehen zu haben!!)

Zymbal

Ein Saiteninstrument wie der Tennisschläger, zum Tennisspielen aber weniger geeignet.

ISBN 3-8231-0135-8

ISBN 3-8231-0543-4

ISBN 3-8231-0126-9

ISBN 3-8231-0188-9

ISBN 3-8231-0176-5

ISBN 3-8231-0085-8

ISBN 3-8231-0166-8

ISBN 3-8231-0084-X

ISBN 3-8231-0139-0

ISBN 3-8231-0082-3

ISBN 3-8231-0189-7

Fröh·li·che Wör·ter·bü·cher von A–Z

ISBN 3-8231-0116-1

ISBN 3-8231-0173-0

ISBN 3-8231-0177-3

ISBN 3-8231-0096-3

ISBN 3-8231-0105-6

ISBN 3-8231-0138-2

ISBN 3-8231-0070-X

ISBN 3-8231-0159-5

ISBN 3-8231-0094-7

ISBN 3-8231-0179-X

ISBN 3-8231-0110-2

ISBN 3-8231-0069-6

ISBN 3-8231-0081-5

ISBN 3-8231-0162-5

ISBN 3-8231-0181-1

ISBN 3-8231-0545-0

ISBN 3-8231-0101-3

ISBN 3-8231-0190-0

ISBN 3-8231-0565-5

ISBN 3-8231-0120-X

ISBN 3-8231-0534-5

ISBN 3-8231-0121-8

ISBN 3-8231-0152-8

ISBN 3-8231-0157-9

ISBN 3-8231-0144-7

ISBN 3-8231-0080-7

ISBN 3-8231-0114-5

ISBN 3-8231-0113-7

ISBN 3-8231-0541-8

ISBN 3-8231-0544-2

ISBN 3-8231-0107-2

ISBN 3-8231-0128-5

ISBN 3-8231-0191-9

ISBN 3-8231-0067-X

ISBN 3-8231-0112-9

ISBN 3-8231-0086-6

ISBN 3-8231-0542-6

ISBN 3-8231-0149-8

ISBN 3-8231-0548-5

ISBN 3-8231-0546-9

ISBN 3-8231-0147-1

ISBN 3-8231-0187-0

ISBN 3-8231-0167-6

ISBN 3-8231-0077-7

ISBN 3-8231-0540-X

ISBN 3-8231-0088-2

ISBN 3-8231-0129-3

ISBN 3-8231-0143-9

ISBN 3-8231-0093-9

ISBN 3-8231-0098-X

ISBN 3-8231-0168-4

ISBN 3-8231-0119-6

ISBN 3-8231-0123-4

ISBN 3-8231-0134-X

ISBN 3-8231-0650-3

ISBN 3-8231-0154-4

ISBN 3-8231-0163-3

ISBN 3-8231-0192-7

ISBN 3-8231-0076-9

ISBN 3-8231-0193-5

ISBN 3-8231-0164-1

ISBN 3-8231-0169-2

ISBN 3-8231-0124-2

ISBN 3-8231-0170-6

ISBN 3-8231-0539-6

ISBN 3-8231-0066-1

ISBN 3-8231-0092-0

ISBN 3-8231-0140-4

ISBN 3-8231-0194-3

ISBN 3-8231-0091-2

ISBN 3-8231-0185-4

ISBN 3-8231-0538-8

ISBN 3-8231-0090-4

ISBN 3-8231-0117-X

ISBN 3-8231-0566-3

ISBN 3-8231-0558-2

ISBN 3-8231-0171-4

ISBN 3-8231-0065-3

ISBN 3-8231-0074-2

ISBN 3-8231-0097-1

ISBN 3-8231-0156-0

ISBN 3-8231-0109-9

ISBN 3-8231-0175-7

ISBN 3-8231-0064-5

ISBN 3-8231-0172-2

ISBN 3-8231-0560-4

ISBN 3-8231-0535-3

ISBN 3-8231-0073-4

ISBN 3-8231-0174-9

ISBN 3-8231-0537-X

ISBN 3-8231-0111-0

ISBN 3-8231-0561-2

ISBN 3-8231-0559-0

ISBN 3-8231-0536-1

ISBN 3-8231-0183-8

ISBN 3-8231-0184-6

ISBN 3-8231-0151-X

Fröh·li·che Wör·ter·bü·cher von A–Z

ISBN 3-8231-0130-7

ISBN 3-8231-0158-7

ISBN 3-8231-0125-0

ISBN 3-8231-0131-5

ISBN 3-8231-0530-2

ISBN 3-8231-0531-0

ISBN 3-8231-0195-1

ISBN 3-8231-0141-2

ISBN 3-8231-0083-1

ISBN 3-8231-0150-1

ISBN 3-8231-0145-5

ISBN 3-8231-0146-3

ISBN 3-8231-0115-3

ISBN 3-8231-0178-1

ISBN 3-8231-0118-8

ISBN 3-8231-0103-X

ISBN 3-8231-0155-2

ISBN 3-8231-0196-X

ISBN 3-8231-0161-7

ISBN 3-8231-0197-8

ISBN 3-8231-0160-9

Fröh·li·che Wör·ter·bü·cher von A–Z

ISBN 3-8231-0132-3

ISBN 3-8231-0133-1

ISBN 3-8231-0148-X

ISBN 3-8231-0142-0

ISBN 3-8231-0199-4

ISBN 3-8231-0099-8

ISBN 3-8231-0089-0

ISBN 3-8231-0186-2

ISBN 3-8231-0071-8

ISBN 3-8231-0563-9

ISBN 3-8231-0547-7

ISBN 3-8231-0072-6